Pamela Dora Encinas Rocabado

Guía Turística

Pamela Dora Encinas Rocabado

Guía Turística

Cochabamba-Bolivia

JustFiction Edition

Imprint

Cover image: www.ingimage.com

Publisher:
JustFiction! Edition
is a trademark of
International Book Market Service Ltd., member of OmniScriptum Publishing Group
17 Meldrum Street, Beau Bassin 71504, Mauritius

Printed at: see last page
ISBN: 978-620-0-11173-9

Índice

Presentación

Con la intención de ayudar al Turista en su estadía por la hermosa ciudad de Cochabamba, mi persona realizo una recopilación de información y datos de vital importancia para facilitar al visitante su paseo por la ciudad, esta guía es una herramienta útil para los viajeros que llegan por primera vez a la ciudad y sobre todo si lo hacen solos, así les será más fácil conocer los atractivos que la hermosa ciudad de Cochabamba tiene, para ofrecerles información detallada y actualizada para su satisfacción.

En esta guía también encontrara números de teléfonos que podría necesitar en su estadía, recomendaciones de vital importancia e información que le será de mucha ayuda durante su visita por esta maravillosa Ciudad.

¡Bienvenido a la Ciudad de Cochabamba!

Guía Elaborada por: Lic.Pamela Dora Encinas Rocabado

Agradecimientos

A Just Fiction Edition

Especialmente a la Licenciada Anna Juvcenko

Gracias a esta editorial por la publicación y distribución de esta guía turística bajo la impresión de tecnología eco-amigable.

Y a las plataformas digitales que trabajan con esta editorial como Amazon por distribuir los trabajos de autores, que buscamos ofrecer una buena e informativa lectura.

Alrededor de Cochabamba
Generalidades

La ciudad de Cochabamba fue fundada en dos ocasiones la 1ra el 15 de Agosto de 1571 por el capitán Gerónimo de Osorio bajo las órdenes del Virrey del Perú Francisco de Toledo con el nombre de Villa de Oropeza, más tarde el 14 de Septiembre de 1574 se realizó la segunda fundación en la actual plaza principal por Sebastián Barba de Padilla otorgándole el nombre de "Cochapampa" que en quechua significa campos inundados o con lagunas.

La Ciudad de Cochabamba se encuentra en el corazón de Bolivia a 2500 m.s.n.m. Tiene una población de 1,111.474 habitantes en el área metropolitana, Limita al norte con Pando, al noreste con Beni, al este con Santa Cruz, al noroeste con La Paz, al oeste con Oruro al sud oeste con Potosí y Sucre y al Sud con Tarija. Su clima esta entre los 14º y los 25º C

La economía de Cochabamba desde sus inicios históricos estuvo sustentada por la agricultura. Actualmente, se ha diversificado, y se sustenta más en la producción petrolífera y manufacturera.

Gastronomía

La ciudad de Cochabamba es conocida como capital gastronómica del País por albergar una variedad de restaurantes con platos típicos del País y platos internacionales, que se puede encontrar a cualquier hora en toda la ciudad y a diferentes precios; Existe un dicho que hace alusión a esto: "el Cochabambino vive para comer."

Platos típicos de Cochabamba:

Pique Macho

Su origen no es muy claro ya que existen dos versiones: Una de las versiones dice que dos esposos (Evangelina Rojas y Horonato Quiñones) provenientes de Torotoro abrieron un restaurant llamado "El Prado" en este lugar que lleva dicho nombre en el año de 1969, ahí los pilotos de LAB (Lloyd Aéreo Boliviano) se juntaban para comer y jugar cacho(juego de dados) por tanto

Foto: www.googleimages/los tiempos/piquetradicional.com

pedían algo para picar, ahí es que nace este plato con carnes picadas, chorizo en rodajas, papas a la francesa, y locoto cortado en rodajas es ahí que los pilotos le otorgan el nombre en base a un comentario "este pique es para machos".
La otra versión cambia el año a 1974 y el nombre del restaurant por "Miraflores"

Sillpancho

Este plato fue creado por doña Celia, dueña del restaurante que lleva su nombre, el origen de este plato fue cuando, un día atendió a un cliente a quien apodaban Pancho y este le pidió le sirviera una carne suave, la señora le preparo un plato que en quechua se llama sillpan que significa carne delgada, entonces cada vez que Don Pancho iba, le daban el sillpan para pancho de ahí el nombre sillpancho, lleva carne de res apanada, arroz, papas fritas cortadas en rodajas, huevo estrellado, tomate, cebolla y locoto, existe una versión de comida rápida de este platillo llamado tranca pecho que es todos los ingredientes del sillpancho en un pan.

Foto:googleimages/silpanchotradicional.com

Chicharrón de Cerdo

www.googleimages/chicharroncochaba

El nombre chicharrón es de origen español y se cree que probablemente se lo creó en Andalucía. Esta palabra describe los residuos de grasa de cerdo que se juntan para cocinarlos en abundante manteca hasta que estén crocantes.Este plato es típico del municipio de Sacaba, aunque en el cercado se encuentra la chicharronería más popular de la ciudad doña Pola. Los ingredientes de este plato típico son: Carne de cerdo frito en acompañado por mote(maíz blanco) y papa, que se sirve mejor acompañado de chicha (bebida en base a maíz fermentado).

¿Qué Ver en Cochabamba?

Colina de San Sebastián "La Coronilla"

Este terreno comenzó como un espacio de encuentro y distracción de gran acceso popular, por los años 1890, donde se realizaron las corridas de toros y la población acudía para celebrar la festividad de San Sebastián (soldado romano, mártir del cristianismo quien fue flechado por órdenes del emperador Diocleciano).

En el siglo XVI al pie de esta colina se encontraba una capilla o ermita dedicada a este santo en el cual se encontraba la imagen del santo flechado, hasta que seguidores de Alejo Calatayud (caudillo revolucionario en contra de la sublevación Española) durante las batallas en contra de los ejércitos españoles destruyeron dicha ermita, pero la imagen del santo continuo intacta y hoy se encuentra en la catedral metropolitana.

Las obras para implementar un coliseo taurino se iniciaron en julio de 1892, con muros y estructura de adobe (barro con paja), además de los ambientes que necesitaban para tener a los animales antes, durante y después de las corridas. Según indican algunos documentos históricos del municipio cochabambino, unos ciudadanos de la época realizaron investigaciones e informaron que el redondel de la plaza medía 37, 40 metros de diámetro con una capacidad para 4 mil espectadores, considerado pequeño para ese tipo de actividades.

Foto exhibida en la casona de Santivañez del coliseo taurino en la colina de san Sebastián

El Acho estuvo habilitado en la colina de San

Sebastián hasta los años 1967, aproximadamente, para luego convertirse en un coliseo al aire libre para la práctica de baloncesto; Terreno que carecía de un piso adecuado, pero con el pasar de los años tuvo piso de cemento.
El coliseo también fue escenario de importantes peleas de boxeo, sin embargo hoy en día este coliseo ya no es visitado al igual que la cordillera en si, por la inseguridad, la Coronilla como la plaza de San Sebastián está habitado por cleferos (gente sin hogar que inhala clefa) los cuales son muy peligrosos es por esto que la alcaldía a establecido que las visitas a este lugar sean hasta las cuatro de la tarde que es cuando la policía cuida este lugar, aun así es recomendable no llevar objetos valiosos al visitar este lugar. Actualmente se está realizando un proyecto de restauración y mejoramiento de este lugar.

Coliseo de la Coronilla
www.googleimages/coronilla.com

> Nota: A pesar de haber control policial en los horarios de visita siempre es mejor ir acompañado a este lugar y tener extremo cuidado con los objetos de valor ya que siempre hay ladrones rondando la zona.

La Coronilla está ubicada detrás de la terminal de buses en la avenida aroma y Ayacucho.

Monumento "Heroínas de la Coronilla"

Este monumento fue creado en honor a las valerosas mujeres que lucharon por la independencia de Cochabamba del yugo Español, en 1812 año en el que el Teniente General Español José Manuel de Goyeneche y Barreda después de vencer a las fuerzas revolucionarias del Alto Perú en Sipe sipe (Municipio de Cochabamba), emprendió camino hacia Argentina con el fin de apagar la revolución iniciada ahí, pero no
contaba con la insurrección que resurgió tras su salida, al enterarse de ello, Goyeneche volvió a Cochabamba para

enfrentar a los patriotas encabezados por Esteban Arze en Pocona (municipio de Cochabamba). El patriota Arce fue vencido y los realistas continuaron hacia Cochabamba, donde la ciudad con escasos recursos se negó a rendirse, especialmente las mujeres quienes al mando de la anciana invidente Manuela Gandarillas y Manuela Rodríguez (esposa de Esteban Arce), organizadas bajo el lema "¡Nuestro hogar es sagrado!" y armadas con palos y mantas se atrincheraron en la colina de San Sebastián, en el lugar conocido como "La Coronilla". Goyeneche entró a Cochabamba el 27 de mayo, quebrando totalmente la heroica resistencia.

En vísperas de la celebración de Corpus Christi el 28 de Mayo aprovechando el tronar de los juegos artificiales y petardos de los actos litúrgicos, el realista Goyeneche mando a fusilar al gobernador patriota Mariano Antezana y otros luchadores libertarios.

Las maestras Sara Ugarte de Salamanca, Adela Zamudio, entre otras mujeres que conformaban "La sociedad de Señoritas Patrióticas 27 de Mayo" junto a las descendientes de las heroínas "Sociedad hijas del Pueblo" impulsaron la construcción del monumento en honor a las heroínas de la Coronilla, fue estrenado el 27 de Mayo (fecha establecida como el día de la madre en Bolivia en honor a estas mujeres) de 1926, esta escultura fue realizada en Roma por el escultor boliviano Alejandro Guardia y el Italiano Guissepe Praino. La escultura de bronce tiene tres partes fundamentales, a lo alto se ve al Cristo Corazonista con una frase que dice "Si no hay hombres, aquí están las mujeres para defender Nuestra Patria", en la segunda parte del

monumento, se encuentran las heroínas (la anciana invidente Manuela Gandarillas, Manuela Rodríguez esposa de Esteban Arce otras dos mujeres, un anciano y dos niños) el soporte y el pedestal donde descansan las esculturas se edificaron con piedra caliza de Araní, donada por la flia Salamanca, en este pedestal se encuentran esculpidos los tres relatos narrativos que representan la batalla de la colina de san Sebastián.
El monumento fue declarado Monumento Nacional por decreto de Ley el 14 de Octubre de 1926.

Mercado “La Cancha”

“La Cancha” es el centro comercial más importante de Bolivia y uno de los más grandes de Sudamérica. Es un conjunto de ferias ubicado al sur de la ciudad entre las avenidas: Ayacucho, Honduras, República y 6 de Agosto frente a la terminal de buses, Este sistema de mercado se divide en cuatro mercados que conforman la Cancha.
El primero es el Mercado Fidel Aranibar en este pabellón se puede encontrar el sector de tortas, zapatos, ropa, juguetes, mochilas y comida tradicional,El siguiente pabellón es el Mercado San Antonio, ubicado al lado oeste del mercado Fidel Arnibar, en este sector se pueden encontrar abarrotes, frutas, friales, CDs musicales y de películas, material escolar y sobre todo el sector más importante es el de artesanía donde el Turista encuentra variedad de tejidos, instrumentos musicales, ropa, souvenirs, del altiplano Boliviano y por supuesto de los valles de Cochabamba.
El tercer pabellón es el Mercado La Pampa, este abarca una extensión considerable de la cancha, con estrechos pasillos divididos en sectores de frutas, verduras, ropa, productos de belleza, electrodomésticos, muebles y sobre todo uno de los sectores que llama la atención es el de medicina tradicional conocido como mercado de

brujas, este expone en sus casetas especias naturales, bebidas místicas, artefactos espirituales, además en el sitio existen curanderos (Yatiris) que llevan a cabo rituales con diferentes connotaciones, en las cuales es utilizada la hoja de coca como herramienta principal.

El cuarto sector es el Mercado La Paz conocido comúnmente como el "Miamicito" ubicado al sud del Mercado Fidel Aranibar, en este lugar se encuentran un millar de vendedores fijos y ambulantes, ofreciendo una variedad de productos, sobre todo ropa, calzados y electrodomésticos y a precios muy accesibles.

La cancha está abierta al público todos los días desde muy temprano hasta entrada la noche, los días de mayor afluencia son los miércoles y sábados.

"El Martadero"

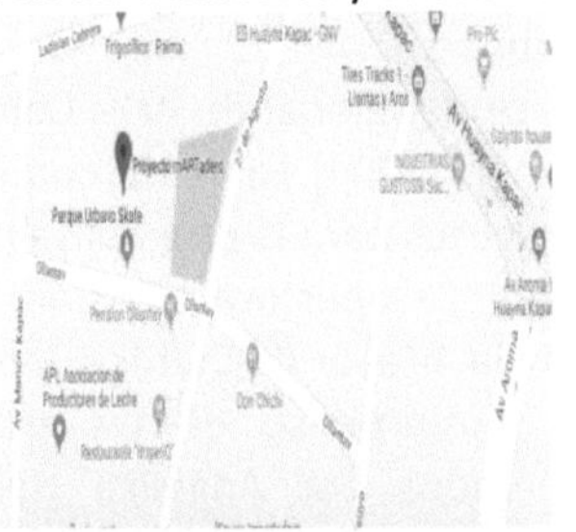

www.googleimages/martadeo.com

Antiguamente este edificio fue un matadero, trasladado de la actual plaza corazonistas a su ubicación actual en 1889, Para 1918, la situación del precario matadero era tan deplorable que se comenzó una tarea seria para la construcción de uno moderno. Finalmente, fueron los señores Félix G. Sarmiento, Wálter Morató Z. y el español Miguel Tapias quienes se comprometieron ante el Concejo Municipal a construir el camal.

Por años este recinto fue testigo del sacrificio de animales para consumo humano hasta 1992 año en que los vecinos de la zona lograron el cierre de este lugar por quejas sobre el mal olor, después de estar abandonado un tiempo, se utilizó los espacios de este edificio para una escuela deportiva, sin embargo el proyecto fracaso debido a que los niños practicaban en medio de maquinarias en desuso, por tanto el edificio volvió al abandono para luego, progresivamente, ser utilizado como depósito de alumbrado público y de mobiliario municipal en desuso.

Durante años tuvo diversos usos siempre

provisionales, nunca contó con el cuidado apropiado, lo que generó un considerable deterioro en el inmueble. Esto último, sumado a la introducción de materiales precarios y construcciones de poco valor arquitectónico, constructivo y documental. Y a la pérdida de las carpinterías, parte de piezas y maquinaria propias de la faena carnicera.

Luego de 12 años en estas condiciones, en 2004 se realizaría en este espacio el II Concurso

Nacional Bienal de Arte Contemporáneo (II conart 2004), que detonaría una serie de procesos para la progresiva recuperación del sitio. La apertura y visión de la entonces Oficial Mayor de Cultura, Jenny Rivero, junto al compromiso de un grupo de artistas liderados por Angélika Heckl y Fernando García, posibilitarían impulsar el proyecto y la solicitud de comodato al Concejo Municipal.

Horarios:
LUNES A VIERNES
Mañanas de 10:00 a 13:00,
Tardes de 15:00 a 19:00
Noches: según actividades programadas
SÁBADOS Y DOMINGOS
Según actividades programadas

Lo que empezó como un proyecto pequeño impulsado por un grupo de jóvenes artistas, hoy, es uno de los espacios más importantes y sede de varias actividades culturales nacionales e internacionales. El Martadero se encuentra en la zona de Villa Coronilla de Cochabamba, a aproximadamente 5 minutos en taxi desde el Aeropuerto Internacional Jorge Wilsterman y a 10 minutos andando del centro de la ciudad (Plaza 14 de Septiembre) o de la terminal de buses, se encuentra en la Calle 27 de agosto y Ollantay

De la av. Ayacucho se puede tomar transporte público que tenga letrero de "Martadero"

Plazuela y Templo Corazonistas

La plazuela los corazonistas o Guzmán Quitón fue realizada en honor a la virgen Corazón de María, con un gran monumento, acompañando a los extremos de la plaza se encuentran dos pequeñas fuentes con los monumentos de niños jugando.

La Parroquia del Sagrado Corazón de María, ubicado en la acera este de la Plazuela Corazonistas, tiene una antigüedad de más de 90 años. Se construyó donde funcionaron la antigua jabonería y carbonería, el terreno se adquirió en 1919.
La construcción se inició en 1924 y demoró 4 años. La iglesia, también denominada Corazonistas, lleva en su interior tres naves, de reminiscencias góticas, una sola torre central, el arco que predomina es el ojival.

Se cree de que en esta área antes de construir la plaza pudo ser un cementerio privado ya que muchos años antes existían casas de gente con mucho dinero y al ser demolidas se encontraron cuerpos.
La plazuela y la iglesia se encuentran entre las calles Hamiraya y Tumusla y la av. Heroínas.

Museo de Historia Natural "Martín Cárdenas"

www.googleimages/martincardenas.com

www.googleimages/museocardenas.com

Martín Cárdenas fue un botánico Cochabambino nació el 12 de Noviembre de 1899, su vida estuvo consagrada a la ciencia y la enseñanza , fue fundador de la Facultad de Biología de la Universidad Mayor de San Simón y rector de la misma durante dos gestiones. Es reconocido como uno de los científicos de mayor renombre en el ámbito nacional e internacional, ya que durante casi 52 años realizó contribuciones muy importantes en el área de la Botánica y específicamente con estudios de la flora boliviana.
Posteriormente a su muerte se inauguró el museo que lleva su nombre en el domicilio particular de este, donde se pueden encontrar los objetos más importantes que lo acompañaron en su vida científica,

además de las publicaciones e investigaciones que realizo.
El museo está ubicado en la av. Heroínas entre Junín y Hamiraya, frente la plazuela corazonistas.
Horarios
Lunes a Viernes de 9:00 a 12:00- 15:00 a 18:30, la entrada es gratuita.

Museo Arqueológico de la Universidad Mayor de San Simón

El Museo Arqueológico de la Universidad Mayor de San Simón se fundó el año 1951, cuenta actualmente con aproximadamente 40.000 piezas arqueológicas, etnográficas y paleontológicas, clasificadas e inventariadas en su mayoría procedentes del Departamento de Cochabamba y otras regiones de Bolivia. Cuenta con un equipo de investigadores que realizan estudios, proyectos y programas en coordinación con instituciones científicas, educativas y demás dentro y fuera del país. También realizan exposiciones temporales de arte, fotografía y pintura y muchas otras actividades.

www.googleimagesmuseoumss/los tiempos.com

www.googleimage/museoumss.com

Actualmente cuenta con tres áreas de exposición permanente:

La Sección Arqueológica que constituye la parte fundamental del Museo. Muestra una secuencia cronológica de las distintas culturas que ocuparon Cochabamba y áreas aledañas, desde las sociedades pre-cerámicas hasta la formación de los grandes estados, como Tiwanaku e Inca.
La Sección Etnográfica que cuenta con una colección de pergaminos de cuero y discos de arcilla que son representaciones gráficas de oraciones y rezos católicos, los cuales fueron utilizados por la Iglesia para

evangelizar a los indígenas. Además esta sección contiene, entre otros, material etnográfico amazónico-chaqueño actual.

www.googleimages/museoumss.com

La Sección Paleontológica muestra un breve resumen de lo que constituye la historia de la vida hasta la aparición del hombre. Presenta en orden cronológico fósiles de la evolución biológica boliviana.

El museo ha recibido reconocimiento en el ámbito nacional e internacional, como el Cóndor de los Andes, conferido por la Nación por su destacada labor y aporte al patrimonio arqueológico y desarrollo del país.

Dirección:
Calle Nataniel Aguirre esq. Calle Jordán
Horario de Atención:
Lunes a Viernes 8:00 a 18:00 Sábado 8:30 a 12:30
Ingreso: Extranjeros: 25bs, Adultos: 5 bs, Niños 2Bs

Iglesia Santo Domingo

La Orden de los dominicos, aparece con Francisco Pizarro en 1532, son fervorosos predicadores del evangelio, se constituyeron en defensores de los indígenas, bajo la representación de *Fray Bartolomé de las Casas.*

La Iglesia de Santo Domingo se ubica en la Av. Ayacucho esq. calle Santivañez, antes de la apertura de la Avenida Ayacucho poseía un atrio. En 1612 se funda la iglesia, En 1641 se construye una primera iglesia de modesta estructura, la cual fue construida de una sola nave y con cubierta a dos aguas, reproduciendo el típico modelo renacentista, En 1778 y se edifica la iglesia actual de estilo mestizó y en 1794 se concluye la construcción en base a solidos muros de piedra, los fondos fueron donados por su benefactor Don. Francisco Claros García, En 1865 se remodela su interior con tendencia neoclásica.

La Iglesia de Santo Domingo, presenta una planta en cruz latina con una sola nave y cubierta de bóveda de cañón, configurando una sola masa pétrea se reproduce una concepción barroca mestiza del ámbito altiplánico, por la presencia de sus figuras antropomorfas con rasgos mestizos. Las ventanas de arcos trilobuladas fueron reemplazadas por cristales en 1968, que en aquel tiempo eran iluminadas por láminas de berenguela; Sus robustas paredes de piedra y barro aíslan el bullicio de la urbe brindando un momento de paz para el recogimiento y oración de sus fieles parroquianos.

El interior de la iglesia fue remodelado siguiendo los cánones del academicismo francés con influencia neoclásica, generando una poderosa atracción visual a partir de su altar mayor y sus altares laterales que se organizan unitaria y armónicamente.

Dentro de la iglesia los fieles dispusieron a sus santos en altares secundarios u hornacinas; la mayoría de ellos provenientes de la adoración de los Dominicos, como ser: Santa Rosa de Lima, San Francisco de Asís y Santo Domingo, esta es la única imagen que corresponde a los años de fundación de la iglesia, las demás son de origen posterior.

El Señor del altar mayor fue donado por un feligrés que vivía por la cárcel, como una solicitud personal del párroco anterior.

Lo más destacado en la Fachada principal es la presencia de cuatro atlantes gigantes indígenas hechos en ladrillo, cuya posición con las manos levantadas hace parecer una actitud de sostén de la misma iglesia, en la imposta de pórtico principal se hallan cuatro atlantes diminutos que parecen ser niños con las manos hacia arriba. En el lateral posee un pórtico barroco mestizo alado del cual se ubica un enorme contrafuerte de piedra.

Museo Casona Santivañez

La Casona Santivañez declarada Patrimonio Histórico de Cochabamba es de arquitectura de estilo colonial republicano, que data de los siglos XV-XVI. Perteneció en su época a Don Juan Antonio Santivañez de Gazma y Barrao quien era comerciante de arroz. A la muerte de los herederos, el inmueble pasó a ser propiedad de un cura quien convirtió la casa en un internado para niñas, sin embargo al no poder cubrir con los gastos de la casa decidió donarla a la Honorable Municipalidad de Cochabamba, así la alcaldía decidió convertirla en museo con los objetos de la familia Santivañez y ser un centro de exposición artístico cultural.

Su estructura presenta una composición señorial con tres patios, en el patio principal se encuentra una pequeña fuente y a su alrededor como el primer piso se pueden apreciar esculturas de diferentes artistas Bolivianos. Las habitaciones de la planta baja funcionan como pinacoteca, exhibiendo fotografías antiguas de personajes notables de Cochabamba y algunos objetos personales. Se puede apreciar poemas de Adela Zamudio entre otros, continuando por el patio central se sale al segundo patio en el que se encuentra un hermoso jardín y un pozo de la época, seguido se encuentra el tercer patio donde estarían las caballerizas y las habitaciones de los sirvientes de esa época,

el acceso a este patio es restringido. En el primer piso se encuentra el salón de baile de la familia Santivañez, que conserva los muebles de la época estilo Luis XV, sus paredes están tapizadas y adornadas con espejos de la época, un amplio y hermoso comedor para 40 personas en el que se pueden apreciar algunas vajillas de la época y otros valiosos objetos, también en ese piso se encuentra la oficina de Don Juan y una sala de prensa que hoy en día aún se usa para reuniones de altas autoridades. Ubicado en la calle Santivañez casi avenida Ayacucho, los horarios de atención son de: Lunes a Viernes: 9:00 a 12.00 - 14.30 a 18.30. No se dispone de visitas guiadas para grupos pequeños o de forma individual pero uno puede entrar y ver todo el lugar por cuenta propia.

La Plaza 14 de Septiembre (Plaza Principal)

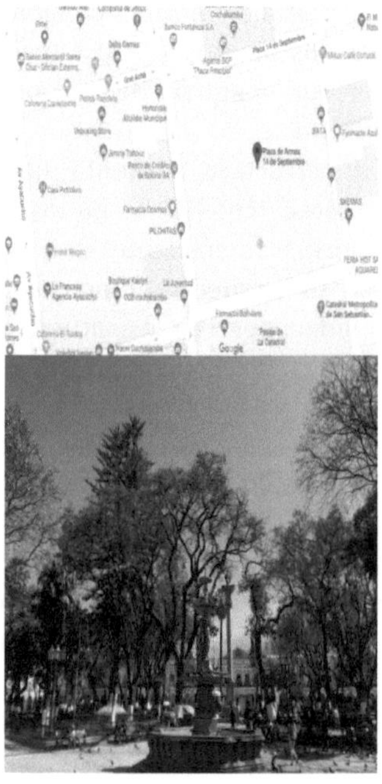

La Plaza Principal se encuentra en el centro de la ciudad, en las calles Nataniel Aguirre, Sucre y Bolivia, creado como punto de referencia para crear la ciudad en la época colonial, como solían hacerlo en aquella época, en ese momento la plaza era llamada Plaza mayor o de armas, que era atravesada diagonalmente por una acequia, es en 1838 que se procede a la remodelación de la plaza montando columnas dóricas y Jónicas y el cuerpo superior de las edificaciones se remataron con frontones y áticos, La plaza estaba en medio de cuatro calles. En el siglo XIX se implementó un trazo geométrico de áreas verdes es entonces que obtuvo la denominación de "Parque 14 de Septiembre" por la segunda fundación de la ciudad, es a partir de este momento que se trazaron y alinearon las calles colocando como punto de referencia la plaza principal que es de estilo colonial y neoclásico, declarada Monumento Nacional por Decreto Supremo 08171 en las categorías de Patrimonio Urbano, Cultural y Material y Paisaje Cultural.

En 2016 se realizó un trabajo de remodelación y mantenimiento en la plaza, anulando dos calles, al norte y al sur para convertirlas exclusivamente de acceso peatonal, se renovó el piso, arreglaron los bancos, implementaron fotografías de antaño y colocaron luces inteligentes.

En la plaza principal se encuentran dos monumentos importantes uno es la columna de héroes y otro la fuente de las musas.

Columna de los Héroes

Fue erigida en 1851 en honor a los cochabambinos que dieron el grito de Independencia, esta columna lleva una Placa con sus nombres y en lo alto de la columna está el cóndor de los andes, es una escultura de bronce en actitud de tomar vuelo, esta escultura fue realizada en honor a un Cóndor que adoptaron como mascota la policía de Cochabamba conocida como los "soldados del piquete."

Esta ave era muy querida por todos los Ciudadanos pero después de años se volvió agresiva y para salvaguardar a los ciudadanos, lo mataron.

No se tiene dato de que año colocaron este cóndor en la columna.

La Fuente de las Tres Gracias

La fuente fue inaugurada en julio de 1896, Alcanza una altura aproximada de 6 metros, con un radio aproximado de 3 metros.

Compuesta por tres figuras femeninas unidas por la espalda y tomadas de las manos representando tres deidades de la mitología griega:

Áglae: Diosa de la belleza y esplendor,

Talía: del teatro y las festividades; y finalmente

Eufrosina, representante del júbilo y la alegría.

Catedral Metropolitana

Su nombre oficial es Catedral Metropolitana de San Sebastián se encuentra ubicada en el lado sur de la Plaza 14 de Septiembre, siendo considerada Patrimonio Nacional Monumental, Histórico, Cultural y Arquitectónico desde 1967. Tuvo dos reconstrucciones la última fue a principios del siglo XVIII gracias a don Francisco de Urquiza. Este bello templo tiene una planta de cruz latina de tres cuerpos, se considera de estilo barroco mestizo con un pórtico hecha en piedra. Posee Columnas salomónicas que sustentan sus tres cuerpos y arcos dobles en su recorrido de este a oeste.

En el centro mantiene un arco con un ventanal circular, en la nave principal sobresale la bóveda. Destacan sin duda, las cúpulas de estilo neo clásico emplazadas en el centro, además de su torre de reloj de 126 pies de altura rematada también por una cúpula.

En el siglo XX fue modificada y ampliada incorporando las naves laterales y la galería neoclásica con soportales que cubre la fachada lateral.

En el interior se aprecia la arquitectura colonial con paredes plagadas de dibujos que describen escenas bíblicas, querubines, arreglos florales y muchos otros lienzos que detallan la devoción de los artistas de la época.

En la catedral se encuentran la imagen de San Sebastián y la Virgen de la Merced, esta imagen fue muy importante durante la Independencia de Cochabamba ya que acompaño a los rebeldes en su lucha, las heroínas de la Coronilla pidieron al sacerdote que las acompañe cuando se enfrentaron a Goyeneche, aunque no fue posible, el sacerdote saco la imagen hasta la puerta.

La Gobernación

La gobernación de Cochabamba se encuentra al lado norte de la Plaza 14 de Septiembre, en la gobernación se encuentra la unidad de turismo y la policía turística, también a lado se encuentra el Salón Gildero Antezana (pintor cochabambino), donde se exhiben obras de distintos autores de lunes a sábado de 10:00-12.00 am y 15:00 pm, la entrada es libre. Este edificio perteneció a la orden de Los Ermitaños de San Agustín, en el siglo XVI, convirtiéndolo en un convento, que posteriormente según decreto supremo del Mariscal José Antonio de Sucre (segundo presidente de Bolivia) todos los conventos quedaron en custodia de la prefectura, y es en 1840 que se inician las obras para convertir el inmueble en la prefectura de la ciudad.

Templo Compañía de Jesús

Este templo se ubica en una esquina de la Plaza Principal sobre las calles Bolívar y Mayor Rocha. Fue construida en 1730 por los Jesuitas, pasando a manos del Estado el año 1767 por orden del rey Carlos III. De vuelta a la Iglesia en 1827 año en que paso a ser Iglesia Parroquial, fue construida con una planta de cruz latina, y en la segunda década del siglo actual, fue ampliada con dos naves laterales, fuera de la bóveda de cañón que cubre la nave central y la cúpula del crucero. La construcción llego a tener una planta de tres naves, con bóvedas de cañón de corrido en la nave central y cúpulas en el crucero y las naves laterales. En 1892 la fachada fue sustituida por una máscara neo-gótica que en 1960 fue ampliada, volviendo a su estado original. Si bien la fachada ha sido restaurada sobre una base documental, interiormente la iglesia ha sido totalmente modernizada. Se edificaron dos espadañas nuevas, para equilibrar el conjunto. El edificio está totalmente construido de piedra, donde se encuentra la "Capilla Ardiente", la capilla del Jesucristo Yaciente (imagen que se exhibe en semana santa)

Teatro Achá

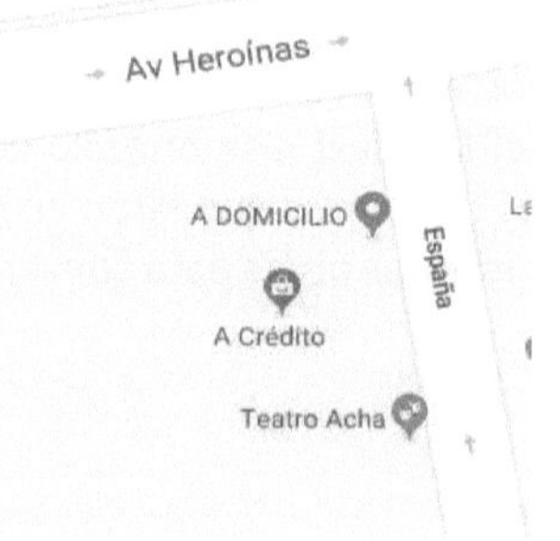

El Teatro Achá, está instalado en lo que fuera la bóveda central del antiguo convento e iglesia de San Agustín. La orden de los agustinos fue fundada el 5 de junio de 1578 ocupado por esta orden por varios siglos hasta el año 1826.

Posteriormente el 9 de agosto de 1864 el Presidente de aquel entonces el General José María Achá, dispuso que sus instalaciones se destinaran a actividades líricas y escénicas. Ese mismo año, el 15 de septiembre el Honorable Concejo Municipal expidió un

reglamento, designando la infraestructura con el nombre de "Teatro de la Unión Americana". Finalmente en 1876, el munícipe José Pol propuso que este recinto se denomine "teatro Achá", reconociendo la labor de su fundador. Originalmente de estilo renacentista, sobre firmes zócalos de piedra, con paredes del mismo material y decoraciones platerescas al interior, la cubierta tiene una bóveda de cañón corrido, la cúpula de media naranja y crucero están intactas. Este importante espacio cultural, sufrió tres refacciones en 1954, 1962 y 1988 respectivamente, fue en el último año, durante la gestión de Humberto Coronel Rivas, que se inició la remodelación total del teatro con un equipo de profesionales que posibilitaron recuperar una de las instalaciones culturales más importantes de Cochabamba. El teatro aún conserva valiosos cuadros, estatuas y finísimos muebles tallados de gran valor que se incorporan a su rica arquitectura. Incluso se encuentran los restos de Gerónimo de Osorio (fundador de la Villa de Oropeza).

www.googleimages/teatroachá.com

También como parte de su atractivo están las leyendas de fantasmas que rondan el teatro por lo que aparte de ser un lugar cultural también tiene leyendas sobrenaturales que le dan un atractivo de misticismo. El teatro se encuentra en la calle España casi Avenida Heroínas.

Pasaje Artesanal Zenteno Anaya

El pasaje lleva el nombre del General Joaquín Zenteno Anaya quien fue comandante de la VIII División del Ejército de Bolivia que capturó a Che Guevara. El 11 de mayo de 1976, el militar que era embajador de Bolivia en Francia, fue asesinado a balazos en la Avenida Kennedy, cerca del Sena. El crimen se adjudicó a una supuesta "Brigada Che Guevara", pero la investigación apuntó luego a mercenarios.

Hace algunos años atrás este pasaje fue remodelado, brindando así mayor comodidad a los vendedores que ofertan sus productos, donde se puede encontrar libros, artesanías, ropa artesanal y recuerdos.

En el segundo piso de este pasaje se encuentran tiendas de tatuajes, piercings hasta una famosa "bruja" que lee cartas.

Se encuentra ubicado en la Calle Achá, entre Av. Ayacucho y calle Nataniel Aguirre a lado del Correo, esta zona se lo conoce por ese nombre El Correo.

Casa de la Cultura Mario Unzueta

Mario Unzueta Urquidi, (Cochabamba, Bolivia, 1905 - 1983).- Novelista, poeta, pintor y periodista.

En el terreno artístico fue alumno de Avelino Nogales. Asistió a la Guerra del Chaco (1932-1935). Fue Profesor de dibujo en distintas instituciones de Cochabamba, Docente y luego director de la Escuela de Bellas Artes (1935-1953). Expone sus obras de arte desde 1938 y ha ganado varios premios en eventos plásticos. Al igual que su maestro, las obras de Mario se centran en el paisajismo boliviano, el retrato de la vida rural del pueblo indígena, la relación del hombre con la madre tierra y la producción agrícola y ganadera.

Su espíritu bohemio y su carácter despreocupado le permitieron jugar con la luz, iluminando tanto desde la pintura como desde la literatura, lo entrañable de la sociedad y la vida en el valle cochabambino.

Ubicado en la Av. Heroinas esq, Calle 25 de Mayo n.399, Cochabamba
Horarios: lunes a sábados de 09:00-18:00pm entrada libre.

Plaza del Granado

La Plaza del Granado es una plaza colonial de la ciudad de Cochabamba, ubicada en el rincón de las calles Baptista y Ecuador, en 2004 la alcaldía cambio por baldosas el empedrado colonial de la plaza y añadió columnas estriadas.
En la plaza podemos encontrar el monumento dedicado en 1909 a Francisco María del Granado y Capriles, El "Tata Granado", como es conocido por el devoto puebloboliviano (18 de agosto de 1835 – 23 de septiembre de
1895), Obispo de Cochabamba y arzobispo de La Plata, fue un poeta, orador y prelado boliviano que consagró su vida a servir a los pobres e indígenas.
Quienes lo han venerado sin descanso por más de un siglo, tuvo fama de santo ya en vida.

Dentro de la plaza hacia la calle España se encuentra una biblioteca municipal donde se exhiben obras de arte, en este mismo espacio se pueden ver casas de arquitectura colonial, cruzando esta plaza sobre la calle España se pueden encontrar café/bares, restaurants, hoteles, tiendas de antigüedades y ropa, es un lugar de encuentro cultural, vida nocturna donde los jóvenes se reúnen.

Iglesia y Convento de Santa Teresa

El 4 de noviembre de 1724 el señor Salvador Crespo y su esposa Melchora Macias de la Guardia hacen donación de una huerta situada a dos cuadras de la plaza principal en la calle de la Compañía, hoy calle Baptista; el terreno era de una manzana completa y estaba destinado a la construcción del convento. El Arzobispo de

La Plata (Sucre), Doctor Gregorio de Molleda y Clerque, tramita el permiso, concedido por Cédula Real y firmado en el Palacio de Aranjuez (Madrid) el 24 de julio de 1753. La obra duro siete años, siendo el autor del proyecto el Jesuita Santiago Cambiazo, el monasterio quedó establecido el 15 de octubre de 1760 de estilo barroco, el convento fue restaurado en 2013. El Convento Santa Teresa es en la actualidad un monasterio de claustro histórico donde vivían las hermanas de la orden Carmelitas Descalzas, devotas a la Virgen del Carmen y de Santa Teresa de Jesús.

El convento recibía a las mujeres de las familias mejor acomodadas económicamente en la ciudad, que decidían dedicar sus vidas al servicio del señor, quienes en la mayoría de los casos llegaban acompañadas por algunas sirvientas que también permanecían enclaustradas por el resto de sus días.

De la iglesia provisional que daba a la actual calle Baptista quedan vestigios de la portada detrás del alto muro, la obra estuvo a cargo del arquitecto jesuita Cambiaso; tiene planta poli lobular, única en la América española. La iglesia fue construida por instrucción del Arzobispo de la plata Fray José Antonio de San Alberto después de que Cochabamba fuera elevada a rango de ciudad desde 1786. El constructor fue Pedro Nogales y ocupa el centro de la planta poli lobulada del Convento, El presbiterio fue cubierto por una elegante cúpula que descansa sobre un tambor circular. El altar mayor y los laterales ostentan retablos de madera tallada de color blanco con relieves dorados a la hoja en vez de imagines en bulto; así mismo hay en los laterales valiosas pinturas del siglo XVIII y

varios cuadros coloniales en la sacristía, el altar mayor tiene frontal de planta repujada.
El claustro principal tiene doble galería en sus cuatro costados, con arcos sostenidos por pilares de piedra.

Museo del Convento

Entre los principales atractivos que presenta el museo, se encuentra la Sala Capitular, que presenta un hermoso retablo de estilo barroco, el acceso al Coro alto, que antiguamente era el recinto donde se fabricaban velas, la cúpula de la Iglesia actual que data su construcción de 1792; un sótano en el que se puede apreciar la magnificencia y solides de sus muros y la Ermita del Calvario realizada en 1767. También posee unas reliquias Jesuíticas en sus paredes, cuadros y ambientes que datan del año 1700.
Horario visitas guiadas: Lunes a sábado: 9:00, 10:00, 11:00, 14:30, 15:30, 16:30
Visitas Nocturnas dos veces al mes, Horarios de visita: 19:00, 20:00, 21:00 PM

Parque Familiar "Aguas Danzantes"

El parque de la familia más conocido como el parque de "aguas danzantes" ubicado en la avenida Costanera de Cochabamba fue inaugurado el 09/09/2015 esta atracción cuenta con cinco fuentes de agua con disparos del líquido a una altura de hasta 20 metros, tres de ellas son inteligentes y tienen la capacidad de interactuar con el público. Las otras dos son ornamentales., tiene un moderno sistema que combina música e iluminación con el movimiento de los chorros de agua. La combinación de estos elementos permite la proyección de imágenes en el agua y el espectáculo se sincroniza con música.
El nuevo parque de la familia se construyó en el espacio que fue el ex zoológico de Cochabamba y posteriormente el Parque del Niño. El sitio

cuenta en sus alrededores con jardines, una cafetería, baños y otras dependencias, la obra fue construida por la empresa española Ghesa Ingeniería y Tecnología en un espacio de 7.500 metros cuadrados y demandó una inversión de Bs 34,5 millones.
Horario
martes a domingo en el horario de 15:00 hasta 22:00, la atracción principal comienza a las 21:00 hrs. El ingreso es de 8bs

Templo del Hospicio

El Templo del Hospicio se encuentra ubicado en la acera sur de la plaza Colón. Su construcción se inició en 1859 y concluyó en 1875. Fue obra del arquitecto José Rosetti, está construida enteramente de adobe, pero en los arcos se utilizó piedra y ladrillo de estilo republicano, la iglesia es de un estilo neoclásico, sin Cúpula y posee algunos detalles barrocos y bizantinos.

La edificación proporcionada y ornamentada consta de 3 naves y 6 arcos con dos capillas laterales al centro, la fachada cuenta con dos torres que culminan en bulbos bizantinos para sostener las cruces. Los altares llevan rica ornamentación barroca sin borrar la nitidez de los trazos clasicistas. Se construyó con aportes de la población Cochabambina y de los centros mineros donde acudían los sacerdotes Franciscanos a pedir contribuciones.

Plaza Colon

Al igual que el paseo del prado la plaza colon fue creada por disposición del General Ballivián en 1846 el nombre es en honor de Cristóbal Colon, para separar el prado y la plaza se construyó un arco de cal y piedra en homenaje de la batalla de Ingavi , batalla en la que el general Ballivián derroto a tropas Peruanas, en 1894 el arco fue demolido por instrucciones del concejo municipal, en 1910 se levantó otro arco el cual años después fue trasladado al cementerio general como portal de este. La plaza colon funcionaba como prolongación del espacio religioso de los franciscanos; Hoy en día es un punto de encuentro y centro de actividades sociales y culturales.

El Prado

Conocida como el "paseo de la alameda," La Alameda fue creada por disposición del General José Ballivián en 1846, era frecuentada principalmente por personas de la alta sociedad, a quienes les gustaba realizar tertulias en los locales que la circundaban.

Esto duró aproximadamente hasta la década de los 60, cuando el crecimiento de la ciudad se disparó hacia un desarrollo urbanístico moderno. Las edificaciones comenzaron a exterminar la hojarasca de la zona hasta quedar lo que hoy se percibe como un pequeño paseo en medio de restaurants de comida nacional e internacional y otros comercios; Siendo los más populares: el restaurant "Tunari", famoso por su pique macho, "El Savarin" igualmente de comida nacional y algunas heladerías/snacks como: Dumbo, Globos y Donald donde también sirven variedad de platos típicos, internacionales y vegetarianos.

El prado abarca desde la avenida Ballivián hasta la calle México donde se encuentra la plaza colon, el paseo del prado cuenta con frondosos árboles, hermosas flores que representan a la ciudad jardín como es conocida Cochabamba, también se encuentran varios monumentos.

Monumentos del Prado

Monumento a Adela Zamudio
Adela Zamudio Rivero nació en Cochabamba, Bolivia el 11 de octubre de 1854 murió el 2 de junio de 1928 fue una destacada escritora, pionera del feminismo en Bolivia, que cultivó tanto la poesía como la narrativa.
En su Honor el 11 de Octubre fue declarado día de la mujer Boliviana.

Monumento al Maestro
Es una escultura de bronce sobre una plataforma de estilo neoclásico que muestra a un maestro apadrinando a dos niños pequeños con libros en la mano.
En Bolivia se festeja al maestro el 6 de Junio como reconocimiento de su gran labor sobre todo de grandes maestros como Jaime Escalante un maestro boliviano que impartió sus conocimientos en Estados Unidos, incluso se filmó una película sobre este maestro.

Monumento al General José Ballivián
José Ballivián y Segurola nació en La Paz, Virreinato del Río de la Plata, 5 de mayo de 1805 murió en Río de Janeiro, Brasil, 6 de octubre de 1852 fue un militar y político boliviano, noveno Presidente de Bolivia. (La avenida donde se encuentra el prado lleva el nombre del Gral. En su honor)

Monumento al Libertador Simón Bolivar

Simón José Antonio de la Santísima Trinidad Bolívar Palacios Ponte y Blanco nació en Caracas, 24 de julio de 1783 murió en Santa Marta, 17 de diciembre de 1830, más conocido como Simón Bolívar ,fue un militar y político venezolano, fundador de las repúblicas de la Gran Colombia y Bolivia. Fue una de las figuras más destacadas de la emancipación hispanoamericana frente al Imperio español. Contribuyó a inspirar y concretar de manera decisiva la independencia de las actuales Bolivia, Colombia, Ecuador, Panamá, Perú y Venezuela.

Fue nombrado presidente de la República de Bolivia tras su independencia, siendo así el primer presidente del país.

Monumento a Francisco del Rivero

Francisco del Rivero nació en Cochabamba, 1757 murió en 1813 en Cochabamba, fue un militar y hacendado del Alto Perú, hoy Bolivia, que protagonizó la primera revolución de Cochabamba en septiembre de 1810 y tuvo una destacada participación en la fase inicial de la lucha por la emancipación en ese territorio.

Plaza de las Banderas

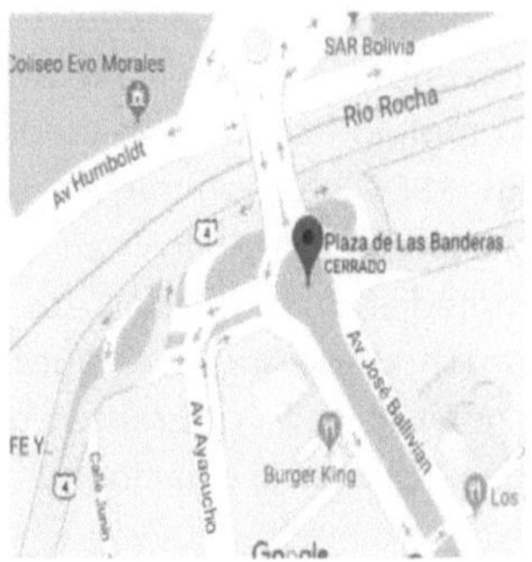

Su nombre oficial es plaza Carlos Montenegro en homenaje al periodista, escritor e ideólogo del MNR (partido político), está ubicada entre el final de la Av. Ballivián, también conocida como El Prado, y el puente Cala-Cala, esta plaza representa la unión de los pueblos americanos, luciendo las 34 banderas de los países que conforman a la OEA además de contar con la bandera Boliviana y de sus nueve departamentos más la del litoral y la bandera indígena conocida como "wiphala" que significa emblema, es una bandera de siete colores usada actualmente como el símbolo étnico del pueblo aymara . También posee la fuente Carlos Montenegro que representa "La diversidad en equilibrio", del artista boliviano Andrés Gavilano, esta escultura esta tallada en granito mide 6,50 x 4,00 x 2,00 m con un peso de 22 toneladas, la pieza de granito se encuentra a tres metros de altura representa las tres caras de Bolivia; los pueblos altiplánicos, de las regiones tropicales y los mestizos descendientes de los colonizadores Europeos. Se asemeja en forma a una luna en cuarto creciente, con tres cabezas unidas por una trenza que simboliza la unión de diferentes culturas bajo un mismo sueño y mirando en una sola dirección. Esta escultura fue inaugurada el 13 de Septiembre del 2002.

Museo de la Medicina "Francisco Viedma"

Don Francisco de Viedma y Narvaez nació en la ciudad de Jaén, España por los años de 1737, Francisco de Viedma, fue gobernador Intendente de la Provincia de Santa Cruz, que abarcó a Cochabamba, Mizque, Moxos y Chiquitos entre los años 1784 a 1809, con sede en Cochabamba.

En 1804, Don Francisco de Viedma, Gobernador y Capitán General, dona sus terrenos para la construcción del actual Complejo Hospitalario Viedma.

En 1884 se termina de construir el nuevo hospital, pasando a ser administrado, inmediatamente, por las religiosas de la orden de Santa Ana. Durante estos años se convirtió en referente de salud a nivel departamental y nacional.

El museo que lleva el nombre de este Gobernador y Capitán General fue fundado por el Dr.Luis Edgar Quiroga con la colaboración de la Academia Boliviana de historia de la Medicina y la Honorable Alcaldía Municipal. En la Casona Santivañez el año 1996, posteriormente en 2007 es trasladado a su actual ubicación a pasos del Hospital Viedma.

Este museo describe la evolución de la ciencia médica a través de la historia. En la actualidad exhibe más de 1000 piezas distribuidas en 10 ambientes: una sala de la medicina mundial que muestra imágenes e instrumentos médicos desde los egipcios hasta nuestra época; un ambiente de radiología donde se encuentran equipos de rayos x que datan de 1950; una galería de fotografías de notables médicos de nuestro medio; una botica con objetos de la primera farmacia de Cochabamba de 1810; aparatos de laboratorio de antaño; instrumentos quirúrgicos antiguos y mil libros sobre historia de la medicina para que la población pueda consultarlos.
Gran parte de los equipos fueron donados por el hospital Viedma y otros fueron traídos desde Estados Unidos.
Este museo es considerado como el de más grande de su tipo a nivel de Latinoamérica.
Está ubicado en la Calle Oquendo y Venezuela
Horarios: de 09:00 a 12:00 y 14:30 a 18:30.
El ingreso es gratuito.

Teleférico

Se encuentra en el parque de la Autonomía en la final avenida Heroínas, inicia en el parque y sube al cerro de San Pedro hasta el Cristo de la concordia. Fue inaugurado en 1999 y funciona de martes a domingo.

Horario de Atención: martes a sábado de 10:00 a 18.00 y Domingos de 09:00 a 18:00

El costo del boleto es de 13bs subida y bajada, 6,50bs solo subida o solo bajada.

Cristo de La Concordia

La estatua fue realizada por escultores y arquitectos cochabambinos, los hermanos César y Walter Terrazas Pardo, la dirección de obras y construcción fue realizada por el Arquitecto Mario Moscoso Villanueva con su ayudante el actual Arquitecto Armando Orozco y con su equipo de trabajadores, para conmemorar la visita del Papa Juan Pablo II a la ciudad de Cochabamba en 1988. La obra se realizó por la iniciativa del dirigente obrero fabril Lucio López, se inició el 12 de julio de 1987 y se concluyó el 20 de noviembre de 1994.

Esta gigantesca imagen con los brazos extendidos, representa la protección del Cristo de la Concordia sobre la ciudad de Cochabamba, y la hospitalidad de los habitantes de esta ciudad.

La imagen se halla situada en la cima del Cerro San Pedro, de la ciudad de Cochabamba. Tiene una altura de 34.20 metros, sin el pedestal, si se suma la dimensión del pedestal (6.24 m) alcanza los 40.44 m y un peso de 2,200 toneladas a una altitud de 2,850 m.s.n.m. Alrededor del Cristo se instaló un mirador para disfrutar de la vista panorámica de la ciudad, en la base del Cristo se encuentra un ambiente en el cual podemos observar placas con los nombres de las personas que realizaron contribuciones para la conclusión de este proyecto, al igual que un espacio para la compra de recuerdos,la imagen cuenta con escaleras en forma de caracol en su interior, por ellas se puede ascender a la parte alta de la

estatua, hasta llegar a los brazos de la imagen los cuales tienen unas ventanas para observar la ciudad desde su interior.
Al Cristo de la Concordia se puede llegar caminando a pie por las gradas, que tiene 1,399 escalones, mediante el teleférico o movilidades de servicio público como taxis o autobuses(los cuales puedes tomar de la puerta del parque de la autonomía, la tarifa del taxi es 20bs).

No hay un horario para visitar al Cristo pero lo recomendable es a partir de las 9am hasta las 18.00pm, subir y bajar por el teleférico ya que sus gradas son algo inseguras por los ladrones en la zona.
Actualmente el Cristo está en proceso de remodelación para implementar áreas verdes alrededor, un parque infantil un gimnasio al aire libre y un restaurant.

La leyenda del "Minerito"
En la Colina San Pedro existe un sector llamado "El Solterito" donde en 1982 se halló el cuerpo sin vida de un minero Potosino llamado Juan Pablo Inofuentes quien según la autopsia murió de asfixia, este minero regresaba de Argentina tras probar suerte en ese país después de años de trabajar en las minas de Potosí y ser despedido a causa de una tuberculosis mal curada que no le permitía trabajar en la mina, se cree que Juan Pablo fue asesinado por ladrones que lo mataron por oponerse al robo.
Los creyentes visitan la cruz del minero en la colina san pedro para pedirle favores, dicen que este minero es muy milagroso, es tanta la fe que le tienen que su tumba está llena de flores, velas y algunos aseguran verlo caminando por la colina incluso sentado alado de su cruz.

Jardín Botánico "Martín Cárdenas"

El Jardín Botánico Martín Cárdenas surgió como un homenaje al más grande de los botánicos bolivianos Martín Cárdenas Hermosa.
Fue creado en 1962, entre los objetivos del jardín botánico se encuentran el de promover la investigación, la enseñanza y el de exhibición de la flora de la provincia de Cochabamba, así como la conservación de la diversidad florística y de sus endemismos. El jardín posee variadas

secciones como el área de Cactus, Bromelias, Amarilis, Arboretum con especies nativas y exóticas. Además existen las secciones de Plantas medicinales y Vivero. Existe también el Herbario Forestal Nacional "Martín Cárdenas", creado en 1976 y que cuenta con aproximadamente 40,000 especies de toda Bolivia en las instalaciones de la Universidad Mayor de San Simón, además de una biblioteca especializada en temas de botánica.
Los senderos del jardín permiten descubrir cómodamente las diferentes especies mostradas, además de contar con zonas de recreación para disfrutar de la naturaleza y un paseo relajante.
Ubicado en la Av. General Galindo entre Av. Villazón y Calle Raúl Rivero.
Horario de Atención: Martes a Domingo de 10.30 a 18.00

Templo de la Recoleta

Este templo comúnmente denominado como Parroquia o Iglesia de La Recoleta fue creado con el nombre del Convento de la Santa Recolección de la Santísima Purísima Concepción por aprobación del reinado de esa época como asiento de la Orden de los Franciscanos en la ciudad. Todo empezó con la petición de Rodrigo de Mendoza, un vecino de la ciudad de Cuzco, cuyo deseo era fundar un convento, esta intensión se concretó con una cláusula de su testamento en la que dejó 60 mil pesos que irían destinados para la materialización de este convento en la Villa de Oropeza, valle de Cochabamba.
El Rey, ante los pedidos, puso su sello y la palabra "Hágase", para que se consolide el convento en 1674, con el propósito de albergar a un grupo de varones religiosos, quienes obedecían reglas austeras de San Francisco de Asís y cultivaban una vida entorno a la oración.

La iglesia sufrió grandes modificaciones a lo largo de su historia, la infraestructura original desapareció casi en su totalidad, con los años y se construyó otra. La fachada es de color blanco, matizado con algunos colores y detalles decorativos que la diferencian de otras iglesias cochabambinas.

Destaca en el frontis del templo actual el antiguo y gran portón de madera, resguardado en ambos lados por paredes recubiertas de piedra, al igual que los pilares decorativos y la cruz latina.

Sobre la puerta, se encuentra la imagen de la Virgen del Rosario, rodeada por un arco de piedra y algunos detalles que la acompañan. En el fondo, un ventanal colorido que deja pasar la luz al interior de laparroquia.

En la parte superior del frontis hay una torre que tiene un reloj que hace un tiempo dejó de funcionar y, en la cúspide se observan cinco campanas y una delicada cruz de metal, símbolo de la Iglesia Católica.

El interior del templo es luminoso y tranquilo; sus altísimas paredes blancas con contornos dorados y arcos realzan su belleza, entrando a la parroquia lo primero que resalta es el imponente altar que se aprecia a distancia. Al acercarse uno puede admirar la imagen del actual patrono de la parroquia, "El Señor de la Exaltación", un cristo crucificado con una expresión de angustia, que tiene más de dos metros de altura. A la izquierda del altar, se encuentra la "Dolorosa", una imagen de la Virgen María junto a San Juan.

Se dice que estas tres imágenes fueron traídas desde España para la fundación de la iglesia. Todas están dentro de urnas de vidrio, adornadas por cuatro pilares verdes y detalles de color oro .Detrás del altar mayor, sobre la imagen del Cristo, se encuentra un fresco de ángeles, en tonos pasteles, Según el relato de la escritora Mercedes Anaya de Urquidi, en el libro "La tradición en Cochabamba", la figura del Cristo Crucificado del templo de la Recoleta se esculpió en madera de cedro, por encargo de un devoto llamado Andrés de Estrada quien acudió donde Diego Ortiz de Guzmán, un artista discípulo de Tito Yupanqui, quien esculpió al Cristo en 1571. La imagen se colocó sobre un crucifijo en madero de "khuri" (en aymara significa aquello, eso, esa). Según el texto, en el madero existen tres clavos: uno para los pies, otro para la mano derecha y el tercero para la izquierda, puesto que la cruz fue y está naturalmente formada. La imagen fue colocada en la portería del convento, donde se la veneraba con el nombre de "El Señor de la Portería", por mucho tiempo. En la época republicana, la imagen del Cristo fue trasladada a un altar lateral. En 1949, durante los últimos trabajos de refacción, se la llevó al Altar Mayor, donde actualmente recibe fervoroso culto.

Dirección: Beni y Av. Pando. Plazuela de la Recoleta

El boulevar de la recoleta

Recoleta, significa un lugar de retiro y recogimiento. Las recoletas adquieren significado en la arquitectura religiosa virreinal, cuando la orden Franciscana, elige un lugar en los extramuros de las ciudades coloniales para edificar un convento de recogimiento, en el que puedan cumplir y renovar los votos perpetuos de fe como: pobreza, trabajo y oración

Hoy en día el paseo de la recoleta que se encuentra al este del templo es un lugar lleno de restaurantes, pubs y karaokes

donde los jóvenes se reúnen. Existen dos restaurantes turísticos en el lugar uno es "La Casa de Campo", muy popular por servir comida tradicional Boliviana y el otro es "La Estancia" donde puedes degustar de carnes a la parrilla al estilo argentino, a lo largo del boulevar entre los pubs y los karaokes se encuentran restaurantes de comida internacional como La chifa Lai Lai de comida china, entre otros.

En el pasillo de este boulevar también se encuentra un puente que conecta al Cine Center, el cine más grande de Cochabamba que también cuenta con una plaza de comidas internacionales y nacionales.

Al lado oeste de la iglesia, frente al paseo de la recoleta se encuentran los famosos helados de canela y las empanadas "Wistupiku" (Heladería y Snack famosa de la Ciudad), los cuales comenzaron con Doña Alicia quien fue la primera en realizar estos helados artesanales de canela y leche fresca y abrió su heladería llamada "Heladería Recoleta", hoy esta heladería que es tradición Cochabambina, tiene más de 56 años.
Las empanadas "Wistupiku" llevan ese nombre ya que su creador tenía la boca torcida y en quechua wistu piku significa pico o boca torcida.

Palacio Portales

El Palacio Portales fue construido a pedido de Simón Iturre Patiño. "El Barón del estaño" quien nació el 1 de Junio de 1860 en Santivañez(Municipio de Cochabamba), en 1882 trabajó en una empresa minera en Oruro, es ahí que Patiño se dio cuenta donde estaba el futuro de Bolivia, tras años de trabajo encuentra una beta que lo llevo a convertirse en el magnate del estaño y uno de los hombres más ricos del mundo, quien invirtió su riqueza en centros de salud, becas a estudiantes y creo el banco mercantil con sede en Oruro y fue el mayor accionista de ELFEC (empresa de luz Boliviana que trajeron el tranvía).

Simón I. Patiño mando a construir dos casas en Cochabamba en honor a su esposa Doña Albina Patiño con quien tuvo tres hijas y un hijo. Uno de los palacios es la Villa Albina ubicada en Pairumani-Quillacollo, lleva el nombre de su esposa y ahí descansan los restos de ambos y la otra es el Palacio Portales, este palacio queda ubicado en la zona denominada Queru Queru , fue construido entre 1915 y 1927 por el arquitecto francés Eugéne Bliault; su arquitectura es de estilo ecléctico, la fachada norte, ingreso principal, presenta un hall de forma circular neoclásico con pisos de mármol de Carrara, adornada con una mesa central de estilo imperio en caoba roja; las paredes están cubiertas en damasco; el salón central tiene zócalos altos y escaleras hechas en maderas exóticas, tiene una chimenea en mármol blanco y verde con figuras talladas de estilo neoclásico que representa el rapto de Deyanira esposa de Hércules.

También se puede apreciar la sala de juegos en cuyo centro se encuentra una mesa de billar tallada y dorada con pan de oro al estilo mudéjar, inspirado en la Alambra de Granada, tomando el nombre de Sala Morisca. En el comedor destaca una chimenea en mármol, sobre la cual se encuentra una pintura y dos retratos de Don Simón I. Patiño y su esposa doña Albina, obras del pintor potosino Avelino Nogales.

En el exterior se puede apreciar los jardines concebidos por especialistas japoneses, con una gran variedad de especies, florales y arbustivas, un camino empedrado conduce a una pequeña laguna con la escultura de una ninfa, inspiración

Visitas al Palacio
De Martes a Viernes
15:30, 16:30,17:30 y 18:00 (guiadas en español)
16:00 y 17:00 (guiadas en inglés/francés)
Sábados
09:30,10:00,11:00(español)
10:30 y 11:30 (inglés/francés) y
Domingos 11:00(español) 11:30 (inglés/francés)
Ingreso 15bs(extranjeros), 10bs (nacionales), 5bs (estudiantes)
Visitas a los Jardines
De martes a viernes 15:00-18:30
Sábados y Domingos 09:00-12:00
Ingreso libre
Dirección: Zona Queru Queru- Av. Potosí y Portales

clásica, una fuente ornamentada con las representaciones de las tres gracias.

Donde eran los establos hoy es la biblioteca Simón I.Patiño, este palacio hoy en día pertenece a la fundación Simón I. Patiño, donada por los descendientes de Don Simón Patiño, también es un centro cultural en el que se exponen obras de arte y literarias.

Museo Alcides D'orbigny

Alcides Charles Victor Marie Dessalines d'Orbigny (nació el 6 de septiembre de 1802 murió el 30 de junio de 1857) fue un naturalista, malacólogo, paleontólogo y explorador francés.
Visitó Sudamérica enviado por el Museo de Historia Natural de París en viaje de exploración científica; tras dicho viaje, D'Orbigny escribió una obra monumental, que constituye un relato histórico referido a Uruguay, Brasil, Paraguay, Argentina, Chil e, Perú y Bolivia.

El museo es una institución científica descentralizada que cumple los roles de investigación, conservación y difusión de las Ciencias Naturales en el Departamento de Cochabamba.
El museo que cuenta con más de 22400 ejemplares se divide en las siguientes áreas:

Salas de Geología y Mineralogía: Exhibe colecciones de minerales y cristales especialmente de Bolivia, entre ellos la Vivianita en aguja, magnetitas piramidales, hematita del mutún entre otros.

Salas de paleontología: Muestra los eventos más importantes sobre la historia de la vida, pasando por muestras de mares antiguos, registros de dinosaurios, ejemplares de la era de hielo y el origen de los mamíferos.

Salas de zoología: Exhibe colecciones de reptiles, anfibios, mamíferos, aves e insectos.

Además cuenta con laboratorios de Paleontología, Centro de cría en cautiverio de Telmatobius (una especie de rana en peligro de extinción) y una biblioteca con más de 6000 tomos en Ciencias Naturales.

El museo se encuentra a un lado del Palacio Portales, hacia el norte.

Horarios

Lunes a Viernes de 09:00-12:00 y 15:00-18:00

Ingreso niños 3bs, adultos 5bs

"El Pueblito"

El pueblito es un barrio antiguo que cuenta con 500 habitantes, denominado de esta manera por recopilar en su interior, las características e imagen de los pueblos coloniales , con una plaza en el centro del lugar muy pintoresca en cuyo alrededor se encuentran las casas de estilo Colonial, algunas de ellas funcionan como restaurantes de comida nacional y cafés, también es un lugar muy visitado por los jóvenes ya que se encuentran lugares que funcionan como pubs, en los que sirven chicha (bebida fermentada de maíz) muy popular de Bolivia.

Este lugar se encuentra ubicado en la zona Tupuraya al noreste de la ciudad de Cochabamba.

Plazuela de CalaCala/Reloj de Flores

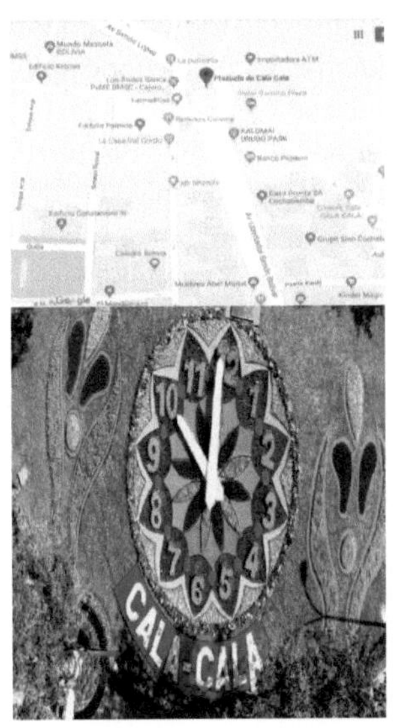

El 25 de Septiembre de 2017 la plazuela de cala-cala (área de la zona Norte de la ciudad) fue re construida por el alcalde José María Leyes, para recuperar la imagen de "ciudad jardín" sobre nombre con el que se conoce a Cochabamba, en esta re construcción se inauguró un reloj de flores, de un diámetro de cinco metros, de acero inoxidable, importado de México por la empresa Olivera. Se encuentra elevado a 45 grados y sus manecillas giran sobre ejemplares florales.

Casona Mayorazgo

www.googleimages/mayorazgo.com

Esta casona de más de 300 años de antigüedad situada en la zona de Cala-Cala, sobre la avenida Simón López, es considerada un invaluable patrimonio de la ciudad, pues perteneció a uno de los primeros habitantes de la ciudad cuando Cochabamba aún se denominaba *Villa de Oropesa*. Se trata de don Garci Ruíz de Orellana; Él mismo dice en un documento, que fue el primer poblador y fue la causa que dio origen a la Villa de Oropeza en 1538. El nombre de Mayorazgo proviene de una institución del Derecho Civil que se practicaba en la colonia, según la misma, una propiedad sólo podía pasar como herencia al hijo (a) mayor. Así sucedió en 1721, Doña Petronila Sanabria de Orellana, tataranieta de Garci Ruiz de Orellana dejaba en sucesión hereditaria los terrenos de su antecesor al hijo mayor de su sobrina Doña Teresa de los Ríos y Sanabria (a esta fecha la casona ya estaba edificada, por lo que se desconoce la fecha exacta de la construcción).Alrededor de 1862 este inmueble fue adquirido por la familia Galindo y finalmente quedó en posesión de los esposos Danielsen, quienes a consecuencia de una expropiación realizada por parte de la Alcaldía en 1999, ceden 1446 m2 de terreno, incluyendo la casa de Hacienda.

A pesar de esta transferencia de la casona a propiedad Municipal, en varias oportunidades se llevaron a cabo litigios por el derecho propietario de la misma, ganándolos todos la Alcaldía.

Después de años de abandono, el municipio decidió restaurarla y remodelarla en el año 2009.Actualmente la Casona de Mayorazgo es un Museo de Estilo de Vida, en el que se muestra, a través de sus diversos espacios, cómo era la cotidianeidad de aquél período histórico. Además, es escenario para presentaciones, exposiciones artísticas y difusión cultural.

La casona es de estilo colonial, con predominio del macizo sobre los vanos que son de forma rectangular. El balcón corrido en la fachada principal, al que posteriormente se le adicionó el enfarolado, típico del estilo colonial macizo.

Construida con el sistema tradicional, presenta muros de adobe y cubierta de teja musiera sobre estructura de par y nudillo. Los acabados son de barro, con pintura a la cal o empapelado, los pisos están revestidos de ladrillo pastelero y losas de piedras.

La disposición y uso interno que tiene es tradicional y característico; en la planta alta está situada la vivienda de los señores, con habitaciones para el dormitorio y la sala, quedando en la planta baja los depósitos.

Frente al edificio se alzaba una fuente de agua y una capilla situada a unos cien metros.

La estructura espacial de la Casona está organizada alrededor de un patio central que se accede por el zaguán. Este patio está flanqueado por tres crujías formando una "C".

www.googleimages/mayorazgo.com

La construcción principal de dos niveles, ubicada al sur del predio, es de planta rectangular, con escalera lateral de un solo tramo. La crujía oeste de una sola planta rectangular, presenta adiciones y fue cercenada cuando se subdividió el terreno. De la crujía este, sólo queda parte de un muro y vestigios de los cimientos.

Horarios de atención

Lunes a Viernes: 09:00 a 12:00, 14:00 a 18:30pm entrada libre

Dirección:

Av. Simón López esq. Av. Melchor Pérez de Holguín

Otros Atractivos

Museo del Paracaidista C.I.T.E

Este museo se encuentra en la zona de la chimba, es un museo dedicado a los primeros paracaidistas de Bolivia, tiene tres salas en las que se pueden apreciar fotografías, medallas, uniformes; también cuenta con una torre multipropósito donde los guías hacen demostraciones de un salto desde el avión, el ingreso al museo es de 5bs y abre de lunes a viernes de 15:00-18:00, sábados de 08:00-12:00

La Troje

La Troje era una iglesia del siglo XVIII fue preservada para fines artísticos y culturales, por el centro alternativo artístico cultural, este centro se encarga de preservar y difundir rituales culturales de Bolivia, danzas y música autóctona como toda actividad artística.

Fue nominada Hecho Arquitectónico de Valor Histórico y Cultural, asimismo Monumento Histórico de la Nación en 2001. La Alcaldía de Cochabamba otorgó a La Troje en 2008 la distinción "Manuela Gandarillas", en mérito a su restauración realizada por el arquitecto Jaime Salinas Endara. "La Troje" funciona desde el año 2000, desde entonces su mayor atracción es la Q'oa de primer viernes, un ritual indígena (quechuas y aymaras) de Bolivia para agradecer a la madre tierra (pachamama), esta actividad en "La Troje" está acompañada por comida, bebidas y música entre folklórica, salsa o a veces rock, dependiendo el grupo que se presente, la entrada es de 30bs con algún documento de identidad. Ubicado en la Av. Capitán Uztaris

Laguna Alalay

Es una laguna artificial cuyo nombre en quechua significa frio, esta laguna se puede ver desde el mirador del cristo, está ubicada en la zona sud de la ciudad por lo que no es recomendable ir solo, ya que es un área muy peligrosa, cerca de la laguna se encuentra un complejo donde se realizan las ferias más importantes de la ciudad como la FEICOBOL (feria internacional de comercio boliviana), La feria del Libro, Feria del Vino, entre otras.

Santa Vera Cruz

En el kilómetro 7 de la avenida petrolera cada año en el mes de Mayo se celebra la festividad de "Santa Vera Cruz Tatala" festividad que celebra la fertilidad (humana, ganado y de la tierra) y abundancia (salud y trabajo), esta fiesta consiste en reunirse en familia a los pies del señor de santa vera cruz (cristo de yeso) a pedir cantando mientras encienden velas, llevan muñecos (los que quieren tener hijos)el canto dice: " Dame salud, dame la wawa(bebé),no duermas, estas de sueño, tienes cara de ratón ".
Antes de la colonia, en este lugar se realizaba una festividad astronómica celebrando a la cruz del sur, donde la gente se reunía a escuchar las predicciones climáticas y pedir fertilidad de sus tierras a la madre tierra, después la celebración cambio, pero aún se puede ver la cruz del sur entre el 2-3 de Mayo a las 2 am en este lugar.

La Angostura

Es una laguna artificial que originalmente fue construida como una represa con el apoyo del Gobierno de México, destinado a riegos de cultivos de tubérculos y hortalizas, aun hoy en día una parte es destinada a los riegos y otra es para la laguna que es un lugar muy turístico, en esta laguna se puede pasear en bote y disfrutar la comida a su alrededor.

Sacaba

Sacaba es una provincia de Cochabamba, se encuentra a una hora aproximadamente en auto, desde el Centro de Cochabamba, es como una pequeña ciudad muy famosa por su chicharron y su chicha, cuenta con varios atractivos, los más sobresalientes son : San Isidro (pueblo perteneciente a Sacaba), se encuentra a dos horas en auto desde Sacaba, se puede llegar en transporte público, San Isidro cuenta con un paisaje Natural apropiado para turismo de aventura, tiene un cañón natural en el que se realiza canoping, rappel, una laguna en la que se encuentra un barco de madera réplica de la película Piratas del Caribe, en este lugar en el Mes de Abril se realiza una competencia de motocros, cerca de San Isidro se encuentra Melga, uno de sus atractivos más importantes es la iglesia de Melga.

En la zona de huallani, en Sacaba se encuentra el parque Cretácico, en este lugar fueron encontrados fósiles de dinosaurios los cuales los niños pueden desenterrar en una zona arqueológica adecuada para ellos, fueron agregados réplicas de dinosaurios de la era cretácica y juegos para los niños.

Laguna Corani

La laguna Corani es una laguna artificial ubicada en la provincia del Chapare en el departamento de Cochabamba. Presenta una forma alargada de norte a sur, es una importante zona de criadero de peces de la cual viven todas las comunidades asentadas en sus orillas. Tiene unas dimensiones de 9,5 km de largo por 2,2 km de ancho máximo y una superficie aproximada de 18 km^2.

Tiquipaya (Provincia de Cochabamba)

Tiquipaya es un Municipio de Cochabamba ubicado al noreste de la ciudad se puede ir en transporte público (trufi 206, 120,101) tomándolos de la avenida Ayacucho, en esta provincia se puede apreciar la arquitectura colonial y atractivos naturales como las cascadas de Apote, las pinturas rupestres de Huari Pucara ideales para realizar trekking, montañismo, paracaidismo entre otros deportes extremos.

Al pueblo de tiquipaya se puede ir solo pero para las cascadas y los demás atractivos es recomendable un guía turístico.

Tarata

Pasando por la represa de la angustura a tres horas en auto se encuentra la provincia de Tarata, un lugar de mucha historia que conserva su aspecto colonial en sus casas, hogar de dos presidentes de la República de Bolivia (hoy Estado Plurinacional de Bolivia), entre los más sobresalientes, el Presidente Mariano Melgarejo, cuya casa ahora funciona como museo, al que uno puede ir a visitar y ver el cráneo de melgarejo el cual se exhibe y está en perfecto estado, de igual forma se puede visitar la alcaldía y ver algunos salones que mantienen la fachada original de la época de la colonia y los muebles, también se encuentra un salón rojo, donde se exhiben retratos de los presidentes, entre otros. En Tarata se encuentra un famoso puente que Melgarejo mando a construir para que las patas de su caballo no se ensuciaran, hoy en día ese puente es un atractivo del lugar en el que uno puede sacarse fotografías, y como en todo lugar en Cochabamba, Tarata es muy famosa por su comida, el chorizo criollo es su especialidad al igual que su chicha. Se puede tomar un transporte público para ir a tarata, la parada de estos buses es en la avenida Barrientos, ahí se encuentran los buses a todas las provincias de Cochabamba, estos están desde las 07:00 am hasta 19:00pm el pasaje es de 2,50bs.

Las Ruinas de Incallajta

Incallajta es un complejo arqueológico que en quechua significa "Ciudad del Inca" se encuentra a 123km de la ciudad de Cochabamba en la localidad de Pocona sobre la carretera antigua a la ciudad de Santa Cruz, este complejo funcionaba como fortaleza en la época incaica fue el territorio más importante del Collasuyo (región o parcialidad del periodo Incaico) como centro político, administrativo y ceremonial, su construcción data de fines del siglo XIX fue construida por el Inca Tupac Yupanqui, en su interior se encontraban grandes plazas y patios circundados por una muralla y construcciones con puertas que daban a espacios abiertos, Hoy en día solo queda parte de la estructura principal y es escenario de un evento que aún se mantiene vigente que es la celebración del Año nuevo Andino-Amazónico o solsticito de invierno que se celebra el 21 de Junio, en esta ceremonia miles de personas se dan cita en varios puntos de la ciudad y del País, uno es este, en el que reciben los primeros rayos del sol con las manos

Extendidas para dar la bienvenida al nuevo año y recibir las energías del sol, un chamán realiza una ceremonia con hijas de coca y realiza la k'oa en la que posteriormente sacrifica una llamita para ofrecer a la pachamama (madre tierra) para agradecer y pedir que las nuevas cosechas sean exitosas.

Parque Nacional Tunari

El Parque Nacional Tunari, fue creado y declarado Parque Nacional el 30 de marzo de 1962. El pico del Tunari se encuentra a 5.200 m.s.n.m. es el más alto de la cordillera del mismo nombre y es uno de los atractivos turísticos naturales más representativos de la ciudad de Cochabamba se encuentra a 4 Km del centro de la cuidad y bordea gran parte de los valles central y bajo de Cochabamba. En la ladera sur del área existen bosques implantados de pinos y eucaliptos, esto contribuye a estabilizar las pendientes de las zonas torrenteras y también para mantener el equilibrio ambiental de los valles. A la fecha se registraron más de 30 especies de mamíferos, 163 especies de aves, 2 especies de reptiles y 2 de anfibios. Cuenta con bosques naturales y artificiales de diversas especies y principalmente algunas típicas de la cordillera. Es el hábitat de cóndores, llamas, alpacas, vizcachas y gansos andinos. El parque brinda la posibilidad de disfrutar de la naturaleza, practicar el ecoturismo, turismo de aventura y el paisajismo, cuando neva en el pico se pueden realizar deportes de nieve.

Se puede acceder al parque a través de dos carreteras: la primera es hacia Quillacollo por la Carretera principal, a Morochata la segunda y última es hacia Tiquipaya desde Cruce Taquiña.

Torotoro

El municipio de Torotoro está ubicado en la provincia de charcas en Potosí, se encuentra a cuatro horas de Cochabamba, en este lugar se encuentra el Parque Nacional Torotoro, donde se encuentran huellas de dinosaurios, fósiles de tortugas gigantes, una caverna de formación rocosa con estalactitas y estalagmitas llamada Umajalanta, en el mismo lugar existe una laguna de peces ciegos (llamados así por vivir en total oscuridad), también se encuentra una hermosa cascada en un lugar natural llamado el Vergel y más.
Para poder conocer estos atractivos uno puede ir por cuenta propia hasta el pueblito, desde Cochabamba salen buses todos los días desde las 07:00 am, hasta 19:00pm de la parada de buses en la av. república y av. Barrientos, el costo del pasaje es 25bs, al llegar al pueblo es necesario contratar un guía local para llegar a los atractivos mencionados ya que hacerlo por cuenta propia puede ser riesgoso al no conocer el lugar.

Otras Iglesias

Iglesia y Convento de Santa Clara

La iglesia y el convento que llevan el mismo nombre fueron fundados el 25 de Mayo de 1948, gracias a una benefactora llamada Doña Francisca de

Vargas quien financio esta construcción con la venta de unos terrenos, finalmente la iglesia se construyó entre 1912-1918 de estilo gótico. Se encuentra en la av. 25 de Mayo y Heroínas. El convento tiene una pequeña tienda donde uno puede comprar productos naturales hechos por las monjitas del convento.

Iglesia de San Francisco

La iglesia de San Francisco fue edificada en 1581, originalmente de estilo renacentista, en 1926 tuvo varias remodelaciones sobre todo en la bóveda y la cubierta, siendo estas remodelaciones un poco más humildes ya que el techo tiene calamina plástica y están sustentados por madera. La iglesia se encuentra en la av. 25 de mayo entre av. heroínas y calle bolívar.

Iglesia de Santa Ana de Cala Cala

Este templo lleva el nombre de la madre de la virgen María, se encuentra en la zona de cala cala al norte de la ciudad, frente a la plazuela de calacala, este templo tiene un estilo moderno, el techo realizado totalmente en madera, la base del templo es cuadrada y tiene un campanario con campanas falsas, en realidad son parlantes modernos, este templo fue edificado en el terreno de un sacerdote llamado Fernando, quien entusiasmado con la idea de tres arquitectos de construir un templo moderno, cedió su terreno para la construcción, no se tiene la fecha de cuando fue construido pero fue remodelado en 1986.
En esta zona en honor a Santa Ana y San Joaquín, los padres de la virgen María, se realiza una fiesta de 3 días a fines de Julio donde uno puede encontrar masitas y dulces típicos de Bolivia, una pequeña feria con juegos para niños y grandes y por supuesto se realiza una peregrinación al templo.

Iglesia de la Virgen de la Merced (Sarco)

En 1966 la capilla de Sarco fue donada a la comunidad religiosa, se la conoce como Templo de la virgen de la Merced o de Sarco por estar ubicado en la zona de Sarco, al oeste de la ciudad sobre la av. Juan de la Rosa. La capilla de la Merced fue declarada Monumento Nacional el 7 de diciembre de 1967, siendo que en 1982 se hacen cargo de su custodia los misioneros del Verbo Divino.

Sebastián de Irigoyen, dueño de la campiña de Sarco y devoto creyente, manda a construir la Capilla en 1826. El italiano Franchesco Fontaine, llega a nuestro país exclusivamente para iniciar la construcción, el plano originalmente era una copia fiel en miniatura de la Basílica Menor de San Pedro de Roma; esta obra se concluye en 1832 y se inaugura el 24 de septiembre 1840, fecha aniversario de la fiesta de la Virgen de "La Merced", posteriormente y por decisión de la familia, se traslada la fecha de celebración al 18 de diciembre; en esta fecha en la zona se realiza una entrada folklórica de tres días, en las que participan todos los vecinos de la zona, el primer día se realiza la misa, hay comida y juegos para todas las edades.

Iglesia de San Pedro

La Iglesia de San Pedro ubicada en una acera del parque La Torre, es de construcción moderna, una especie de Art Decó con un cuerpo macizo y una alta torre campanario lateral. Predomina la geometría. Se terminó su construcción en 1961. Fue proyectada en estilo Moderno funcional por el Arquitecto Antonio Gardelcic. Se edificó gracias a la donación de la señora Elena Ugarte viuda de Quiroga, con sede provisional en la capilla del Hospital Viedma, otorgándose la custodia a los padres franciscanos. En este templo se encuentra la imagen del Cristo de limpias o que llora sangre, esta imagen causo polémica al derramar lágrimas de sangre por primera vez en 1995.
Dirección:
Av. Heroinas esq. Parque La Torre

Números de Teléfonos Útiles

Policía Turística	4503880
Migración	4524625
Radio Patrulla	110/911
Información de números telefónicos	104
Terminal de Buses	4220550
SAR (bomberos)	4731313
Ambulancia Medicar	4248381-4248349
Consulado de Estados Unidos	4416313-4489009
Consulado de Argentina	4255859-4229347
Consulado de España	4485673
Aeropuerto Jorge Wilsterman	4 4120400

Centro de Atención al Turista

El CAT's (centro de atención al turista) se encuentra en el pasaje sucre º329, entre las calles Sucre y 25 de Mayo, su teléfono es: 4662277
Horarios de Atención:
De lunes a Viernes de 8:00am–12:00am, 14:30pm–18:30pm.
En el paseo del prado también existe un punto de información turístico que atiende de lunes a viernes de 8:00–12:00, 14:30–18:30, también existen puntos de información turístico en el aeropuerto y la terminal de buses con los mismos horarios.

Recomendaciones

El centro de la ciudad es seguro pero siempre debe tener cuidado ya que en las noches deambulan cleferos (gente sin hogar que consume clefa, una sustancia que sirve para pegar madera, entre otros), esta gente pide dinero, lo que se debe hacer es no mostrarles miedo y decir tranquilamente que no tiene ya que pedirán la cantidad que quieran y pueden estar armados.
Es mejor tener los objetos de valor bien guardados, en las calles siempre hay ladrones sobre todo en los transportes públicos, por lo que es mejor tener mucha precaución al utilizar su celular.

Printed by Books on Demand GmbH, Norderstedt / Germany